글
랠프 월도 에머슨 - 자연과 자아의 자유를 노래한 철학적 에세이와 시로 잘 알려진 미국 초월주의의 중심 사상가.
앨프리드 로드 테니슨 - 빅토리아 시대를 대표하는 영국 시인으로, 서정적이고 고전미 넘치는 서사시를 남김.
헨리 워즈워스 롱펠로 - 따뜻한 감성과 이야기처럼 흐르는 시로 대중의 사랑을 받음.
엘라 휠러 윌콕스 - 사랑과 낙관을 주제로 한 감성적인 시로 알려진 미국의 대중 시인.
윌리엄 워즈워스 - 자연과 인간의 조화를 시로 풀어낸 영국 낭만주의 대표 시인.
엘라 히긴슨 - 태평양 북서부의 삶과 풍경을 섬세하게 그려낸 미국의 여성 시인.
라이너 마리아 릴케 - 내면의 고독과 영혼의 깊이를 탐구한 독일어권의 가장 위대한 서정 시인.
윌리엄 헨리 데이비스 - 자연과 인간의 단순한 삶을 찬미한 웨일스 출신 시인.
윌리엄 셰익스피어 - 인간 본성의 심연을 꿰뚫은 희곡과 시로 세계 문학사의 거장이 된 영국의 극작가이자 시인.
앤 브래드스트리트 - 미국 최초의 여성 시인이자, 일상의 감정과 믿음을 솔직하게 표현한 작가.
러디어드 키플링 - 제국주의 시대의 모순 속에서 모험과 교훈을 담은 작품을 남긴 영국의 노벨문학상 수상 소설가이자 시인.
칼릴 지브란 - 『예언자』로 널리 사랑받는, 동서양의 철학과 시가 만나는 영혼의 언어를 그려낸 레바논 출신 시인.
W. B. 예이츠 - 아일랜드의 신화를 되살리며 환상과 현실을 넘나든 노벨문학상 수상 시인이자 극작가.
엘리자베스 배럿 브라우닝 - 사랑과 신앙의 깊이를 섬세하고 격정적으로 담아낸 빅토리아 시대의 대표 여성 시인.

그림 이진영
숙명여자대학교와 대학원에서 공부했다.
방송국에서 컴퓨터 애니메이터로 일하다 서울과학기술대학교, 숙명여자대학교,
남서울대학교 등 여러 대학에서 영상미디어를 가르쳤다.
미국 플로리다 대학교 출판홍보실 소속 invited artist로 일했고
귀국 후 다수의 책 표지와 일러스트를 작업했으며, 두란노 「생명의 삶」에 매달 그림을 그리고 있다.
그림책 『빨간 새』, 『혼자가 아니야』를 쓰고 그렸으며,
『벚꽃 한 송이』로 눈높이 아동문학상을 수상했다.

사랑을 읽다

2025년 8월 5일 1판 1쇄 인쇄
2025년 8월 20일 1판 1쇄 발행

글_윌리엄 워즈워스 외 그림_이진영

발행인_황민호
캐릭터비즈사업본부장_석인수
편집 진행_그림책 · 별꽃
디자인_SALT&PEPPER
발행처_대원씨아이(주) www.dwci.co.kr 서울시 용산구 한강대로 15길 9-12
전화_02-2071-2151(편집) 02-2071-2066(영업)
팩스_02-794-7771
등록번호_1992년 5월 11일 등록 제3-563호

ISBN 979-11-423-0217-6 (77800)

ⓒ이진영

※잘못된 제품은 구입하신 곳에서 교환해 드립니다.

사랑을 읽다

글 윌리엄 워즈워스 외
그림 이진영

친구를 얻는 유일한 길은,
먼저 친구가 되어 주는 것이다.

- 랠프 월도 에머슨
「우정 *Friendship*」중에서

무슨 일이 일어나든 난 진심으로 믿는다.
가장 아픈 순간에도 마음 깊이 느낀다.
사랑했다가 그 사랑을 잃는 것이,
단 한 번도 사랑하지 않은 것보다
훨씬 아름답다는 것을.

- 앨프리드 로드 테니슨
「A. H. H.를 기억하며 *In Memoriam A.H.H.*」중에서

공기의 품에서,
그녀의 옷자락에서 흔들려 나온 구름 주름에서,
갈색의 벌거벗은 숲 위로,
버려진 들판 위로,

조용하고, 부드럽고, 천천히
눈이 내린다.

- 헨리 워즈워스 롱펠로
 「눈송이 *Snow-Flakes*」 중에서

하루가 끝나고
정말 중요하게 기억되는 건
늘 해오던 작은 일들,
옳고 정직한 행동을 남들이 뭐라 하든
묵묵히 되풀이하는 것.
울고 싶을 때 운명에 미소 지으며,
놀고 싶을 때 묵묵히 해야 할 일을 이어가는 것.
사랑하는 이여,
그런 것이야말로 진정 중요한 것이다.

- 엘라 휠러 윌콕스
「중요한 것들 *The Things That Count*」 중에서

한 사람의 인생에서 가장 빛나는 순간은
작고, 이름 없고, 기억되지도 않을
그의 다정함과 사랑의 행동들이다.

- 윌리엄 워즈워스
「틴턴 수도원 근처에서 쓴 시 Lines Composed
a Few Miles above Tintern Abbey」 중에서

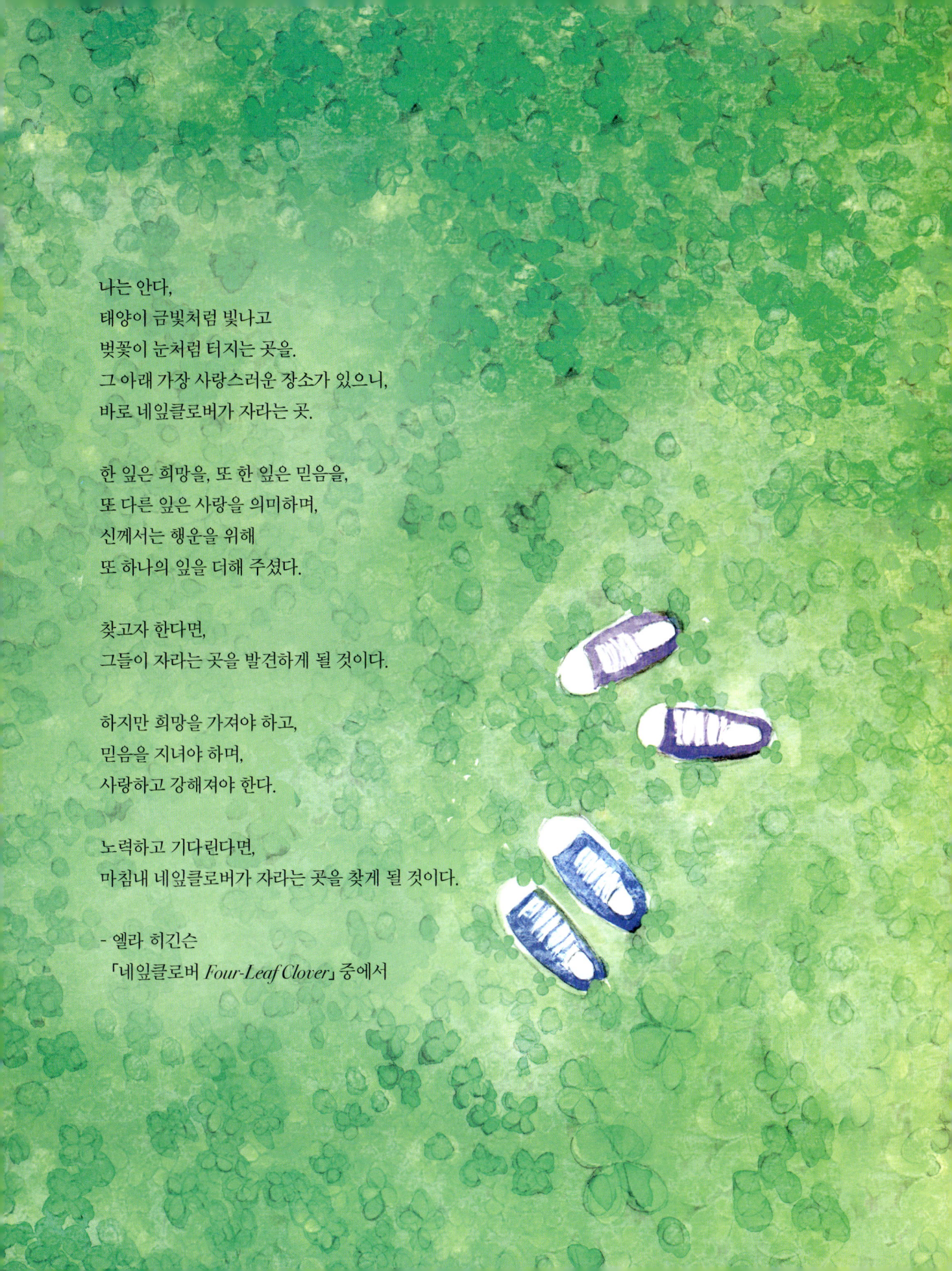

나는 안다,
태양이 금빛처럼 빛나고
벚꽃이 눈처럼 터지는 곳을.
그 아래 가장 사랑스러운 장소가 있으니,
바로 네잎클로버가 자라는 곳.

한 잎은 희망을, 또 한 잎은 믿음을,
또 다른 잎은 사랑을 의미하며,
신께서는 행운을 위해
또 하나의 잎을 더해 주셨다.

찾고자 한다면,
그들이 자라는 곳을 발견하게 될 것이다.

하지만 희망을 가져야 하고,
믿음을 지녀야 하며,
사랑하고 강해져야 한다.

노력하고 기다린다면,
마침내 네잎클로버가 자라는 곳을 찾게 될 것이다.

- 엘라 히긴슨
「네잎클로버 *Four-Leaf Clover*」 중에서

사랑은 두 사람이 서로에게 녹아들어
하나가 되는 일이 아니다.
오히려 사랑은 두 개의 고요한 고독이
서로를 지켜보고, 경계를 존중하며,
조용히 인사하는 일이다.

고독은 어렵다.
그러나 고독은 모든 진실한 것들의 전제가 된다.
사랑도, 창조도, 예술도
고독을 감내할 수 있는 사람에게만 열리는 길이다.
그러니 스스로에게 물어야 한다.
나는 진정 사랑하고 있는가?
아니면 외로움에서 벗어나고픈 갈망을
사랑이라 착각하고 있는가?

우리가 사랑이라 부르는 많은 감정들은,
사실 진정한 사랑이 아닐지도 모른다.
그것은 소유하려는 마음이거나,
공허함에서 도피하고자 하는 충동일 수 있다.
사랑은 단순한 기쁨이나 위안이 아니다.
그것은 과업이자 투쟁이며,
스스로를 성장시키는 끊임없는 시련이다.

진정한 사랑은 사람을 무너지게 하지 않는다.
오히려 그를 더 깊고 단단한 존재로 빚어낸다.
사랑은 배워야 한다.
그것은 하루아침에 이루어지는 일이 아니며,
오랜 시간 인내 속에서
조금씩 내면에서 자라나는 것이다.
당신이 언젠가 진정 사랑할 수 있는
그날이 올 때까지,
고독 속에서 자신을 가꾸어야 한다.
고독 속에서 모든 것이 시작된다.

- 라이너 마리아 릴케
　「젊은 시인에게 보내는 편지
　　Briefe an einen jungen Dichter」 중에서

비가 그친 뒤
해가 다시 떠오르면,
어둡고 둥근 물방울 하나하나 속에
놀라운 빛이 가득할 거야.
해가 찬란히 빛나면
정말 아름다운 모습일 거야.

- 윌리엄 헨리 데이비스
「비 *The Rain*」 중에서

사랑이 변한다고?
아니.
사랑은 시간이 흘러도,
세상이 바뀌어도 흔들리지 않는다.
폭풍 속에서도 제자리를 지키는
영원한 별처럼,
사랑은 언제나 그 자리에서 마음을 밝힌다.

- 윌리엄 셰익스피어
「소네트 116 *Sonnet 116*」 중에서

만일 두 사람이 하나가 될 수 있다면,
그건 분명 우리일 거예요.
내가 누군가를 사랑했다면
그건 당신이고,
내가 누군가와 함께 있어 행복했다면
그건 언제나 당신 곁이었죠.
당신의 사랑은
황금보다, 세상의 모든 보물보다
더 귀하고 눈부신 선물이에요.

- 앤 브래드스트리트
「사랑하는 나의 남편에게
　To My Dear and Loving Husband」중에서

만약 세상이 흔들리고 모두가 널 탓해도
너 혼자 평정심을 지킬 수 있다면,
사람들이 너를 의심할 때 스스로를 믿되
그들의 의심에도 귀 기울일 수 있다면,
기다림에 지치지 않고 거짓말에 휘말리지 않으며
미움받아도 증오하지 않을 수 있다면,
그렇다고 지나치게 잘난 척하지 않는다면,
꿈을 꾸되 꿈에 사로잡히지 않고,
생각하되 생각에만 빠지지 않으며,
성공과 실패를 마주해도
둘 다 그저 스쳐가는 일로 받아들일 수 있다면,
네가 말한 진실이 악한 자들에 의해 왜곡되고,
목숨 걸고 만든 것이 산산이 부서지는 걸 보고도
다시 그것을 닳아빠진 도구로 세울 수 있다면,
네가 가진 모든 것을 한 번의 도전에 걸어
전부 잃었다 해도, 그 사실을 입 밖에 내지 않는다면,
몸과 마음이 지쳐도 의지 하나로 버틸 수 있고
네 안의 목소리가 "조금만 더!"라고 말한다면,
많은 사람들과 어울려도 너 자신을 잃지 않고,
왕들과 걸어도 평범한 사람들과의 연결을 잊지 않으며,
누구에게도 너무 상처받지 않고,
누구도 너무 우러러보지 않을 수 있다면,
냉혹한 1분의 시간을 60초 전력 질주로 채울 수 있다면—
아들아, 세상은 너의 것이고,
그 안의 모든 것이 네 것이며,
무엇보다도 너는 진짜 어른이 될 거야.

- 러디어드 키플링
「만약에 *If*」 중에서

내가 할 수 있는 말은 오직 하나.
고마워요.
다시 한 번, 고마워요.
그리고… 언제까지나, 고맙습니다.

- 윌리엄 셰익스피어
  「십이야 *Twelfth Night*」 중에서

사랑이 그대의 이름을 부를 때,
그 부름에 조용히 따르길.
그 길이 험하고 가파를지라도.

사랑의 날개가 그대를 감싸안을 때,
망설이지 말고 그 품에 안기길.
비록 그 깃털 사이에 숨은
날카로운 진심이 그대를 아프게 할지라도.

사랑이 그대에게 말을 걸 때, 믿으라.
비록 그 목소리가 그대의 꿈을 산산이 부수고
북쪽 바람이 정원을 쓸어버릴지라도.

- 칼릴 지브란
「사랑에 대하여 *On Love*」중에서

만약 내가 금빛과 은빛,
밤과 낮, 그리고 그 사이의 희미한 빛으로
수놓인 하늘의 천을 가지고 있다면,
나는 그 찬란한 천을
당신의 발아래 조용히 펼쳐 주었을 거예요.
하지만
내가 가진 것은 오직 꿈뿐이어서
나는 내 꿈들을
당신의 발아래 살며시 펼쳐 놓습니다.
살며시 걸어 주세요.
지금, 당신은
내 마음의 가장 깊은 곳을 걷고 있으니까요.

- W. B. 예이츠
 「그는 하늘의 천을 바라네
   He wishes for the cloths of heaven」 중에서

그대를 사랑합니다.
내 영혼이 닿을 수 있는 가장 깊고,
가장 넓고, 가장 높은 곳까지.
존재의 끝을 향해,
보이지 않는 무언가를 갈망할 때처럼
조용히, 그러나 끝없이.

나는 그대를 사랑합니다.
햇빛 아래에서도, 촛불 곁에서도
하루의 고요한 숨결처럼,
당연하고도 필요하듯이.

나는 그대를 사랑합니다.
잊힌 슬픔 속에
온 마음을 던졌던 그 열정으로,
어린 날 가졌던 오롯한 믿음으로.

잃어버린 성인들을
사랑했던 그 사랑으로
그대를 사랑합니다.
내 삶의 모든 숨결과 미소,
모든 눈물로 그대를 사랑합니다.

그리고
신이 허락하신다면,
죽음 너머에서도
더 깊이 그대를 사랑하겠습니다.

- 엘리자베스 배럿 브라우닝
 「나는 당신을 어떻게 사랑할까요?
  How do I love thee?」 중에서